Recrea Books
レクリエ
ブックス

脳トレ・介護予防に役立つ

さがし絵パズル

全国都道府県の
旅編

JN202614

世界文化社

Recrea Books
レクリエブックス

もくじ

脳トレ・介護予防に役立つ

さがし絵パズル

全国都道府県の旅編

篠原先生が語る！

「さがし絵」で、もの忘れ予防 若々しい脳に！

脳は年齢を重ねても成長することをご存じでしょうか？ 脳科学と健康科学に詳しい篠原菊紀先生に、「若々しい脳を保つ秘訣《ひけつ》」と「さがし絵の脳トレ効果」についてお話を伺いました。

篠原菊紀《しのはらきくのり》教授
公立諏訪東京理科大学
(応用健康科学、脳科学)

東京大学、同大学院博士課程(健康教育学)等を経て、現在、公立諏訪東京理科大学教授。テレビや雑誌、NPO活動などを通じ、脳科学と健康科学の社会応用を呼びかけている。

【脳はいつまでも成長する】

ど忘れやもの忘れが増えてきても、脳の力は歳とともに衰えるのだから仕方がないと誰もが思います。実際、18歳くらいが全盛期の「瞬発的な情報処理能力や記憶力」は、年齢を重ねると、その能力が弱くなっていくのです。しかし、能力の全盛期の年齢は、機能により大きく変わります。「集中する力」は43歳前後が全盛期となり、人の気持ちを推し量《はか》る「感情認知能力」は48歳、「計算力」や「一般的な情報を学び、理解する力」は50歳、「語彙《ごい》力」は67歳が全盛期と言われています。記憶力と違い、年齢を重ねることで成長する機能もたくさんあるのです。そして、成長する脳の力を支え、衰えを防ぐのが運動と健康です。しっかりと運動をし、健康に気を付け、きちんと脳を使いましょう。脳は年齢に関係なく鍛えることで必ず成長する、とても優秀な臓器なのです。

【さがし絵の脳トレ効果】

「さがし絵」では「さがすもの」を一時的に記憶しつつ、イラストから同じものを探します。この「一時的に記憶しつつ作業をする」という力が、ワーキングメモリ（作業記憶）と言われる機能で、私たちはこの機能を使って考えたり、学習したり、コミュニケーションをしています。しかし、使えば育つこの機能は、残念ながら使わないと衰えてしまいます。さがし絵で楽しみながらワーキングメモリを鍛えましょう。余裕があれば、「さがすもの」のすべてを記憶して挑戦してみましょう。時間をかけても大丈夫です。できるまで気長に繰り返すことも脳トレになるのです。

脳の構造と働き

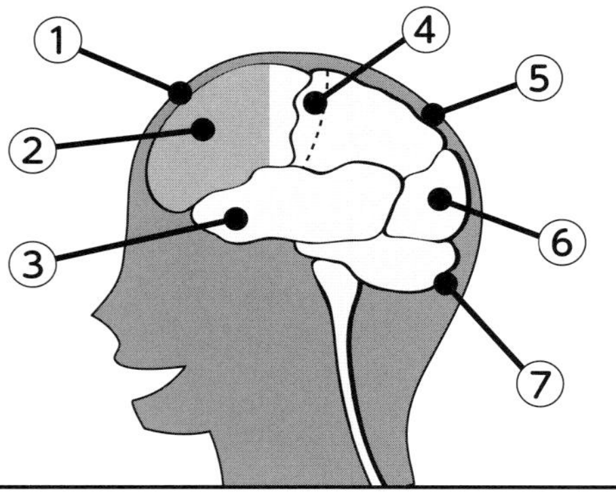

①前頭葉
思考、運動、言語を発する。

②前頭前野
前頭葉にある部分。考えること、コミュニケーションや感情のコントロール、意思の決定、行動の抑制、注意や意識などをつかさどる。パズルやぬり絵などに取り組むと、特に活性化する。

③側頭葉
聴覚、認識、意味・言葉を聞き分ける。文字や言葉を使ったパズルで言語野を刺激。

④体性感覚野
手、足、口、身体等の感覚がここに集まる。

⑤頭頂葉
手足などの知覚。動きの知覚。計算をするときにも働く。

⑥後頭葉
視覚、イメージを働かせる。絵や図形などを注意深く見る行為が刺激する。

⑦小脳
運動調節、言語や思考などの知的な処理においても大きな働きをする。

解いてぬってゴールまで！ 富士山チャレンジ！

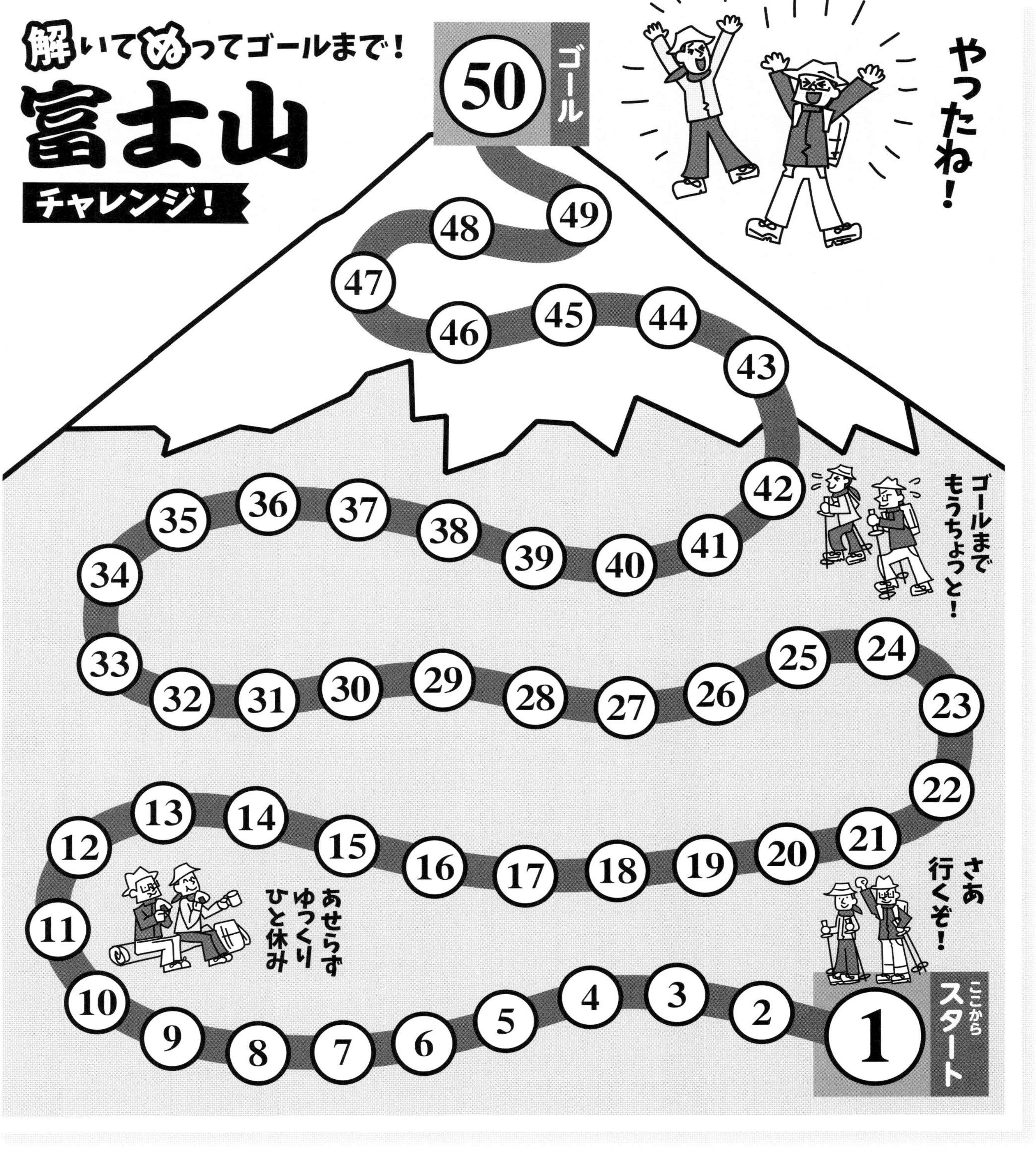

この本の使い方

「さがし絵」は、大きなイラストの中から「さがすもの」と同じイラストを見つけるパズルです。

達成度を実感！
解けたら数字をぬりましょう

解けたパズル番号の数字を上のイラストから見つけ、好きな色でぬってください。すべての数字をぬることを目標にしましょう。

年　月　日　名前

1 さがし絵　さっぽろ雪まつり〈北海道〉

毎年２月になると開催される、さっぽろ雪まつり。札幌市内には、話題になった人やものなどの氷像が展示され、世界中から観光客が詰めかけます。
「さがすもの」と同じイラストをみつけて、○で囲みましょう。

さがすもの（4つ）

完成したら、５ページの①をぬりましょう。

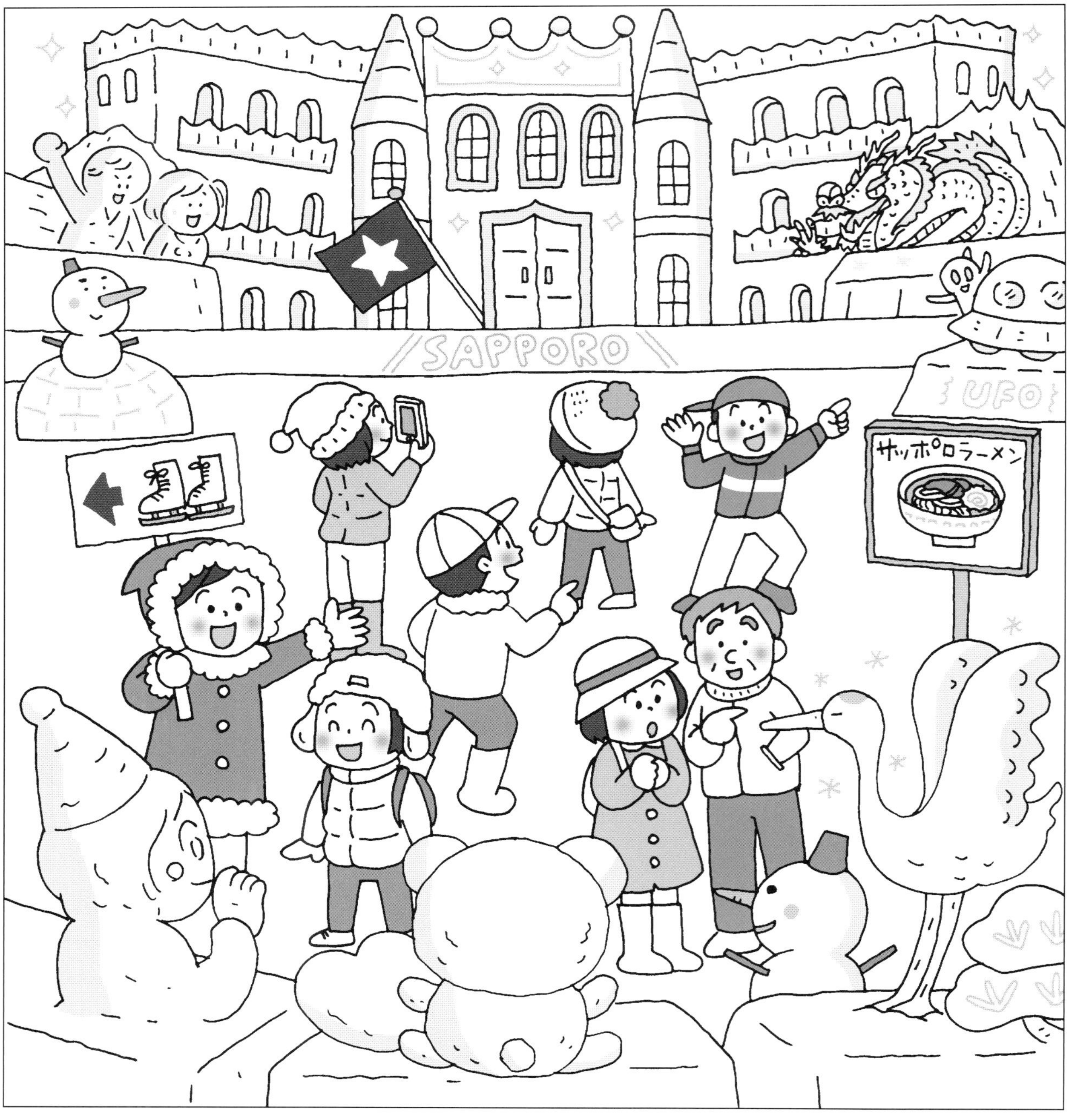

解答は 56 ページ

年　月　日　名前

② さがし絵　札幌《さっぽろ》市《し》時《と》計《けい》台《だい》〈北海道〉

北海道を代表する名所の１つで、重要文化財に指定されている札幌市時計台。建物のてっぺんにある大きな時計は、今日も札幌の街を見守っています。「さがすもの」と同じイラストをみつけて、○で囲みましょう。

さがすもの（4つ）

完成したら、5ページの②をぬりましょう。

解答は56ページ

年　月　日　名前

3 さがし絵　ねぶた祭〈青森県〉

鮮やかに光り輝く大迫力のねぶたに皆が大盛り上がり。「ラッセーラー」と掛け声をかけながら跳ねるハネトたちも、お祭りには欠かせません。
「さがすもの」と同じイラストをみつけて、〇で囲みましょう。

さがすもの（4つ）

完成したら、5ページの③をぬりましょう。

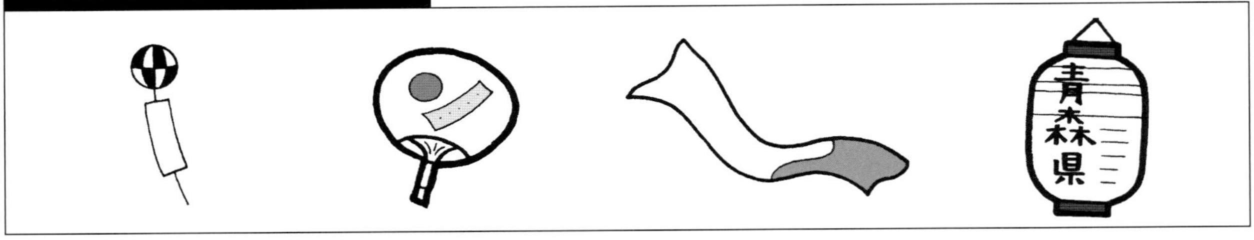

解答は56ページ

年　月　日　名前

④ さがし絵　なまはげ〈秋田県〉

「悪い子はいねが～！　泣ぐ子はいねがー！」いきなり家にやって来たなまはげに、子どもたちは大あわてです。なまはげは、神の使いとされています。
「さがすもの」と同じイラストをみつけて、○で囲みましょう。

さがすもの（4つ）

完成したら、5ページの④をぬりましょう。

解答は **56** ページ

年　月　日　名前

5　さがし絵　わんこそば〈岩手県〉

「はい、どんどん」「はい、じゃんじゃん」。給仕さんがテンポよく次々とおかわりを入れてくれます。何杯食べられそうですか？
「さがすもの」と同じイラストをみつけて、〇で囲みましょう。

さがすもの（4つ）

完成したら、5ページの⑤をぬりましょう。

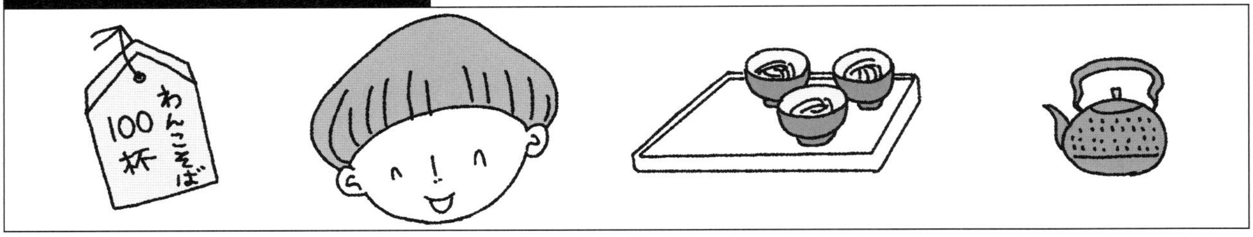

解答は56ページ

年　月　日　名前

⑥ さがし絵　芋《いも》煮《に》会《かい》〈山形県〉

サトイモを使って作る芋煮。サトイモの収穫にあわせ、秋から冬に行われます。大空の下でみんなで食べる芋煮はおいしくて、つい食べ過ぎちゃいますね。「さがすもの」と同じイラストをみつけて、〇で囲みましょう。

さがすもの（4つ）

完成したら、5ページの⑥をぬりましょう。

年　月　日　名前

7 さがし絵　七《たな》夕《ばた》まつり〈宮城県〉

色とりどりの吹き流しが、暑い夏を涼しげにしてくれます。短冊のお願いがかないますように。仙台では、8月6日～8日に開催されます。
「さがすもの」と同じイラストをみつけて、○で囲みましょう。

さがすもの（4つ）

完成したら、5ページの⑦をぬりましょう。

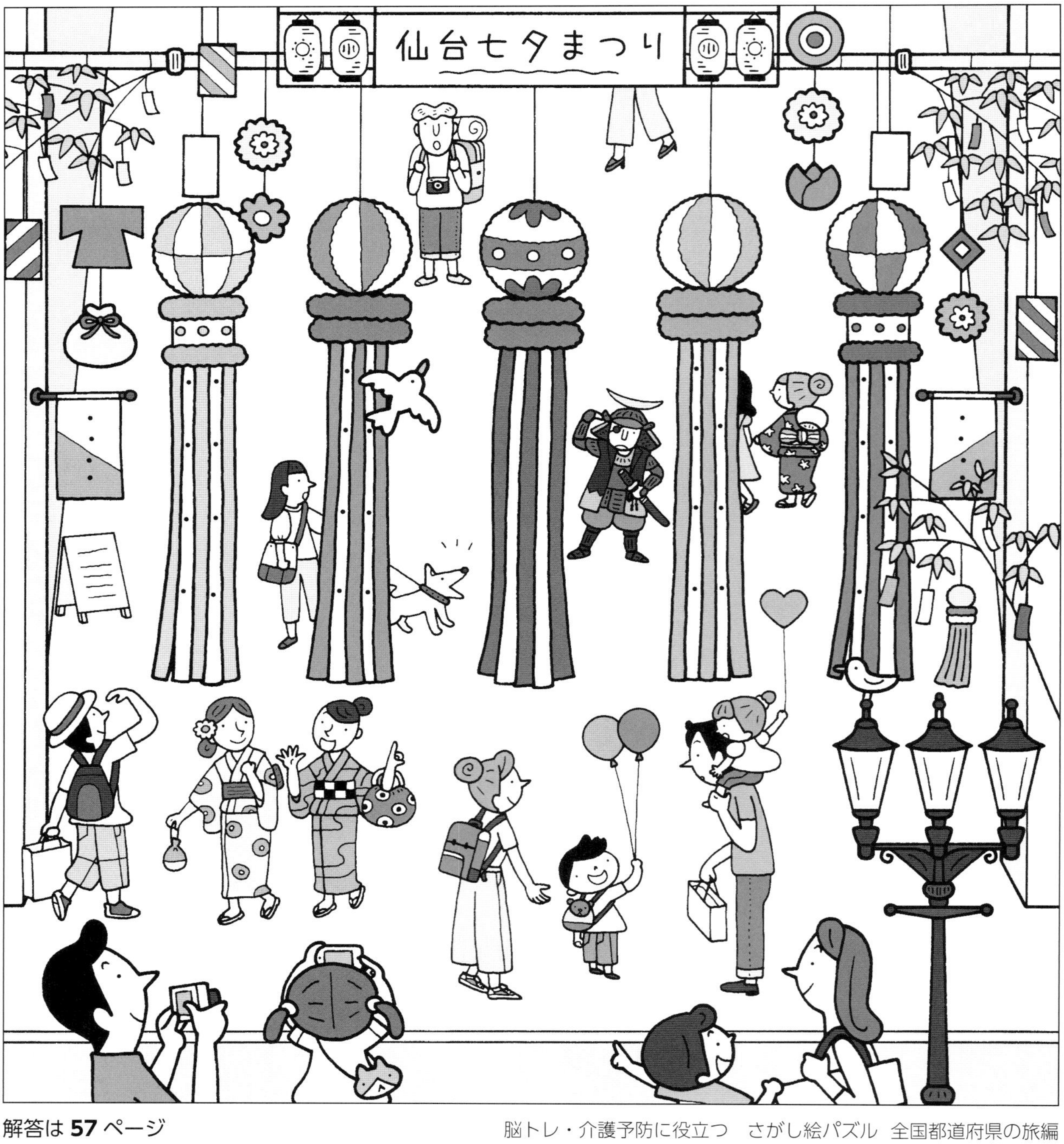

解答は **57** ページ

年　月　日　名前

8 さがし絵 スパリゾートハワイアンズ〈福島県〉

温水プールや本場のフラダンスを楽しむことのできる、福島県を代表する大型リゾート施設です。フラダンスのステージを見れば、南国気分を味わえます。
「さがすもの」と同じイラストをみつけて、○で囲みましょう。

さがすもの（4つ）

完成したら、5ページの⑧をぬりましょう。

解答は **57** ページ

年　月　日　名前

⑨ さがし絵　日《にっ》光《こう》東《とう》照《しょう》宮《ぐう》〈栃木県〉

日光東照宮は、徳川初代将軍である徳川家康公を御祭神に祀《まつ》った神社です。見ざる・聞かざる・言わざるの三猿《さんえん》が有名です。
「さがすもの」と同じイラストをみつけて、〇で囲みましょう。

さがすもの（4つ）

完成したら、5ページの⑨をぬりましょう。

解答は 57 ページ

年　月　日　名前

⑩ さがし絵　草《くさ》津《つ》温《おん》泉《せん》〈群馬県〉

高温のお湯をまぜて温度を下げる、湯もみ。草津では湯もみショーとして、踊りを見たり、見学・体験することができます。
「さがすもの」と同じイラストをみつけて、○で囲みましょう。

さがすもの（4つ）

完成したら、5ページの⑩をぬりましょう。

解答は 57 ページ

年　月　日　名前

11 さがし絵　水戸《みと》の梅まつり〈茨城県〉

日本三名園の１つである偕楽園《かいらくえん》では、早春に梅がところ狭しと咲き誇ります。その数約3,000本。奥にいるのは黄門様御一行でしょうか？
「さがすもの」と同じイラストをみつけて、○で囲みましょう。

さがすもの（5つ）

完成したら、5ページの⑪をぬりましょう。

解答は **57** ページ

年　月　日　名前

⑫ さがし絵　小《こ》江《え》戸《ど》川《かわ》越《ごえ》〈埼玉県〉

蔵造りの町並みが美しい、小江戸川越。中央に高くそびえる「時の鐘」は江戸時代に創建されたもので、川越のシンボルとしても有名です。
「さがすもの」と同じイラストをみつけて、○で囲みましょう。

さがすもの（5つ）

完成したら、5ページの⑫をぬりましょう。

解答は 58 ページ

年　月　日　名前

⑬ さがし絵　鴨川《かもがわ》シーワールド〈千葉県〉

シャチは、最大5トンにもなる大型の水生動物です。鴨川シーワールドでは、昭和45年からショーを行っています。
「さがすもの」と同じイラストをみつけて、○で囲みましょう。

さがすもの（5つ）

完成したら、5ページの⑬をぬりましょう。

解答は58ページ

年　月　日　名前

⑭ さがし絵　横《よこ》浜《はま》中《ちゅう》華《か》街《がい》〈神奈川県〉

横浜中華街は、日本最大の中華街です。色鮮やかな街並みや、本場中国の味を思う存分楽しめます。近くには、港の見える丘公園があります。
「さがすもの」と同じイラストをみつけて、〇で囲みましょう。

さがすもの（5つ）

完成したら、5ページの⑭をぬりましょう。

解答は 58 ページ

年　月　日　名前

⑮ さがし絵　浅草雷門《あさくさかみなりもん》〈東京都〉

多くの外国人が訪れる東京の中でも、とりわけ人気の高い浅草雷門。大きな提灯《ちょうちん》の両脇にある風神《ふうじん》・雷神《らいじん》像がお出迎えをしてくれます。
「さがすもの」と同じイラストをみつけて、○で囲みましょう。

さがすもの（5つ）

完成したら、5ページの⑮をぬりましょう。

解答は58ページ

年　月　日　名前

⑯ さがし絵　東京《とうきょう》タワー〈東京都〉

昭和33年に完成した東京タワー。333mの高さは、当時世界一を誇りました。
今も東京のシンボルとして、多くの人々から愛されています。
「さがすもの」と同じイラストをみつけて、〇で囲みましょう。

さがすもの（5つ）

完成したら、5ページの⑯をぬりましょう。

解答は **58** ページ

年　月　日　名前

⑰ さがし絵　河《かわ》口《ぐち》湖《こ》〈山梨県〉

富士五湖の１つである河口湖。湖畔から眺める富士山は絶景で、たくさんのカップルや家族連れで賑わっています。
「さがすもの」と同じイラストをみつけて、○で囲みましょう。

さがすもの（5つ）

完成したら、5ページの⑰をぬりましょう。

解答は **58** ページ

年　月　日　名前

18 さがし絵　茶畑〈静岡県〉

夏が近づくと、茶畑の美しい緑が一面に広がります。今年も美味しい新茶を飲むのが待ち遠しいですね。お茶菓子は何が好きですか？
「さがすもの」と同じイラストをみつけて、○で囲みましょう。

さがすもの（5つ）

完成したら、5 ページの⑱をぬりましょう。

解答は **59** ページ

年　月　日　名前

⑲ さがし絵　犬《いぬ》山《やま》祭《まつり》〈愛知県〉

国宝・犬山城の城下町では、毎年桜の季節に犬山祭が開かれます。車山《やま》の上のからくりもかわいらしく、一目見ようと全国から大勢の人が集まります。
「さがすもの」と同じイラストをみつけて、○で囲みましょう。

さがすもの（5つ）

完成したら、5ページの⑲をぬりましょう。

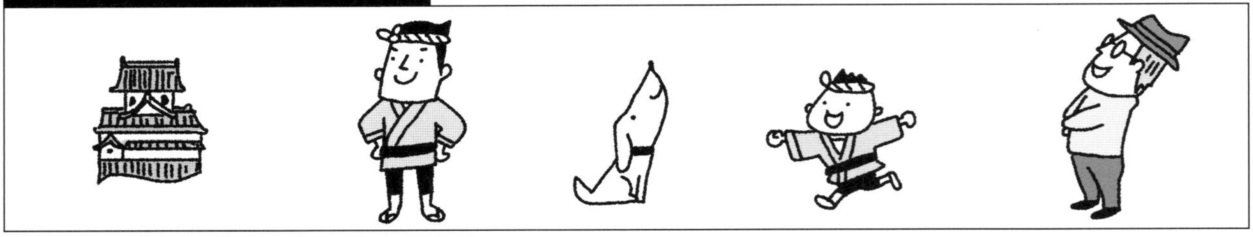

年　月　日　名前

20 さがし絵　日本《にほん》アルプス〈長野県〉

雄大な山々を背に、光り輝く銀世界。スキーやスノーボードを楽しむ人がたくさん訪れます。スキーをしたことはありますか？
「さがすもの」と同じイラストをみつけて、○で囲みましょう。

さがすもの（5つ）

完成したら、5ページの⑳をぬりましょう。

年　月　日　名前

21 さがし絵　白川郷《しらかわごう》〈岐阜県〉

雪に強い、合掌《がっしょう》造りという独特の形をした民家が並ぶ白川郷。昔ながらの家で生活を続けるこの集落は、世界遺産に登録されています。
「さがすもの」と同じイラストをみつけて、〇で囲みましょう。

さがすもの（5つ）

完成したら、5ページの㉑をぬりましょう。

解答は **59** ページ

年　月　日　名前

22 さがし絵　長岡《ながおか》まつり大花火大会〈新潟県〉

真っ暗な空にまぶしく輝く長岡の大花火。中でも復興祈願花火「フェニックス」は2kmに渡る幅で打ち上がり、観客を大いに盛り上げます。
「さがすもの」と同じイラストをみつけて、〇で囲みましょう。

さがすもの（5つ）

完成したら、5ページの㉒をぬりましょう。

解答は 59 ページ

年　月　日　名前

23 さがし絵 黒《くろ》部《べ》ダム〈富山県〉

堤防の高さは、日本一を誇る186m。テラスから見学することができる迫力満点の放水では、虹が見えることもあります。

「さがすもの」と同じイラストをみつけて、○で囲みましょう。

さがすもの（5つ）

完成したら、5ページの㉓をぬりましょう。

解答は 59 ページ

年　月　日　名前

㉔ さがし絵　兼《けん》六《ろく》園《えん》〈石川県〉

日本三名園の１つである、兼六園。加賀百万石の前田家の庭園として江戸時代に造られました。四季折々の美しい自然を楽しみに、多くの人が訪れます。
「さがすもの」と同じイラストをみつけて、○で囲みましょう。

さがすもの（5つ）

完成したら、5ページの㉔をぬりましょう。

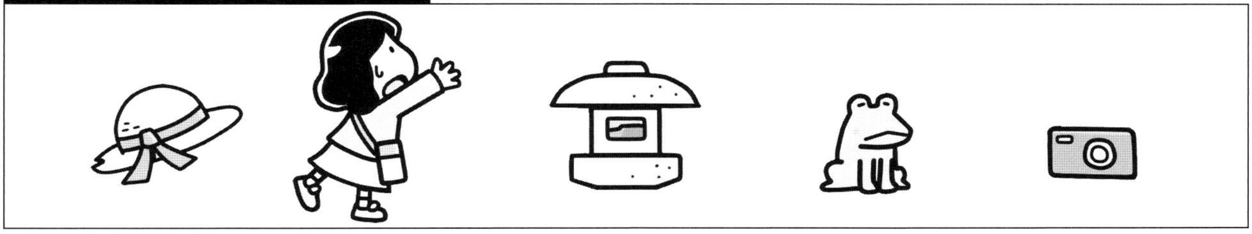

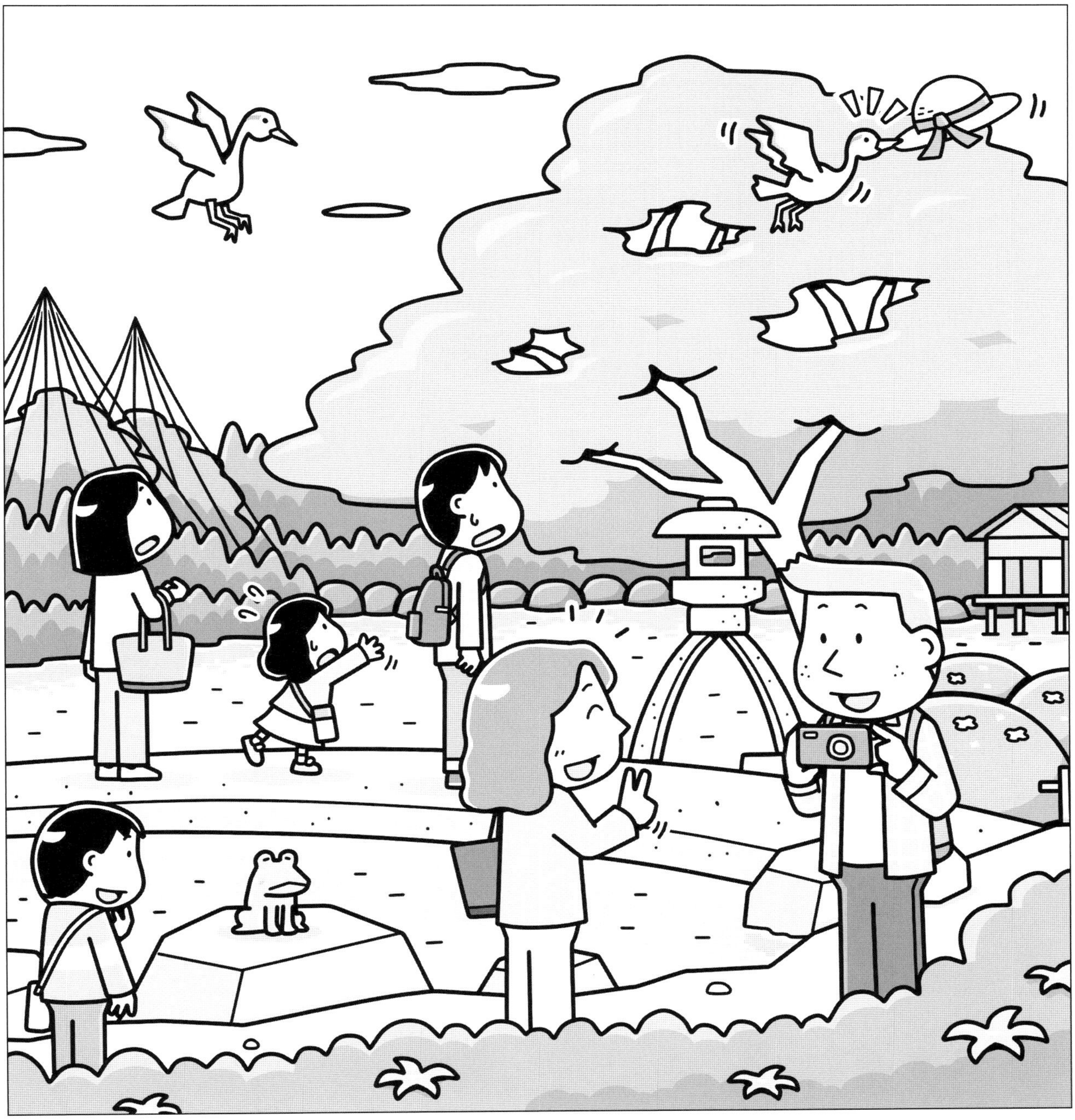

解答は 60 ページ

年　月　日　名前

25 さがし絵 越《えち》前《ぜん》そばの そば打ち体験 〈福井県〉

薬味に大根おろしが使われるのが特徴の越前そば。福井県には、越前そばのそば打ち体験ができるお店もたくさんあります。どんなそばが好きですか？
「さがすもの」と同じイラストをみつけて、〇で囲みましょう。

さがすもの（5つ）

完成したら、5ページの㉕をぬりましょう。

解答は 60 ページ

年　月　日　名前

26 さがし絵　比《ひ》叡《えい》山《ざん》延《えん》暦《りゃく》寺《じ》〈滋賀県〉

天台宗の総本山であり、1200年の歴史を持つ、比叡山延暦寺。数多くの高僧が育ち、日本仏教の母山といわれています。世界遺産にも登録されています。「さがすもの」と同じイラストをみつけて、○で囲みましょう。

さがすもの（5つ）

完成したら、5ページの㉖をぬりましょう。

解答は **60** ページ

年　月　日　名前

27 さがし絵 清水寺《きよみずでら》〈京都府〉

様々な観光名所が揃《そろ》う京都の中でもひときわ有名な清水寺。「清水の舞台」として知られる本堂には、今日も多くの修学旅行生や外国人観光客が集まっています。「さがすもの」と同じイラストをみつけて、○で囲みましょう。

さがすもの（5つ）

完成したら、5ページの㉗をぬりましょう。

年　月　日　名前

28 さがし絵　阪《はん》神《しん》甲《こう》子《し》園《えん》球場《きゅうじょう》〈兵庫県〉

「打て打てー！」。阪神タイガースの本拠地であり、高校野球の聖地でもある甲子園。試合のある日は、小さい子からご年配まで大いに盛り上がります。
「さがすもの」と同じイラストをみつけて、〇で囲みましょう。

さがすもの（5つ）

完成したら、5ページの㉘をぬりましょう。

解答は 60 ページ

年　月　日　名前

29 さがし絵　伊勢神宮《いせじんぐう》〈三重県〉

正式名称は「神宮《じんぐう》」ですが、他と区別するために「伊勢神宮」と呼ばれています。
内宮《ないくう》に天照大御神《あまてらすおおみかみ》、外宮《げくう》に豊受大御神《とようけのおおみかみ》が祀《まつ》られています。
「さがすもの」と同じイラストをみつけて、○で囲みましょう。

さがすもの（5つ）

完成したら、5ページの㉙をぬりましょう。

解答は60ページ

年　月　日　名前

30 さがし絵　道《どう》頓《とん》堀《ぼり》〈大阪府〉

有名な看板やたこ焼きなど、道頓堀には名物がたくさん！　江戸時代に多くの芝居小屋と食べ物屋が集まり栄えた道頓堀。その盛り上がりは今に続きます。
「さがすもの」と同じイラストをみつけて、○で囲みましょう。

さがすもの（5つ）

完成したら、5 ページの㉚をぬりましょう。

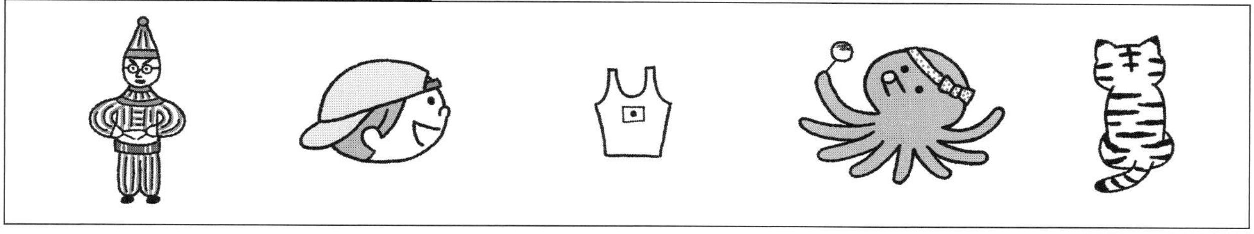

解答は 61 ページ

年　月　日　名前

31 さがし絵　東大寺《とうだいじ》〈奈良県〉

東大寺は奈良時代に建てられました。大仏殿に設置された大仏は、像高が14.98mです。神の使いである鹿がたくさんいることでも知られています。「さがすもの」と同じイラストをみつけて、○で囲みましょう。

さがすもの（6つ）

完成したら、5ページの㉛をぬりましょう。

解答は 61 ページ

年　月　日　名前

32 さがし絵 高野山金剛峯寺《こうやさんこんごうぶじ》 根本大塔《こんぽんだいとう》 〈和歌山県〉

平安時代に弘法《こうぼう》大師によって建てられ、1,200年以上の歴史を持つ高野山金剛峯寺。根本大塔は高野山真言宗のシンボルとされています。
「さがすもの」と同じイラストをみつけて、○で囲みましょう。

さがすもの（6つ）

完成したら、5ページの㉜をぬりましょう。

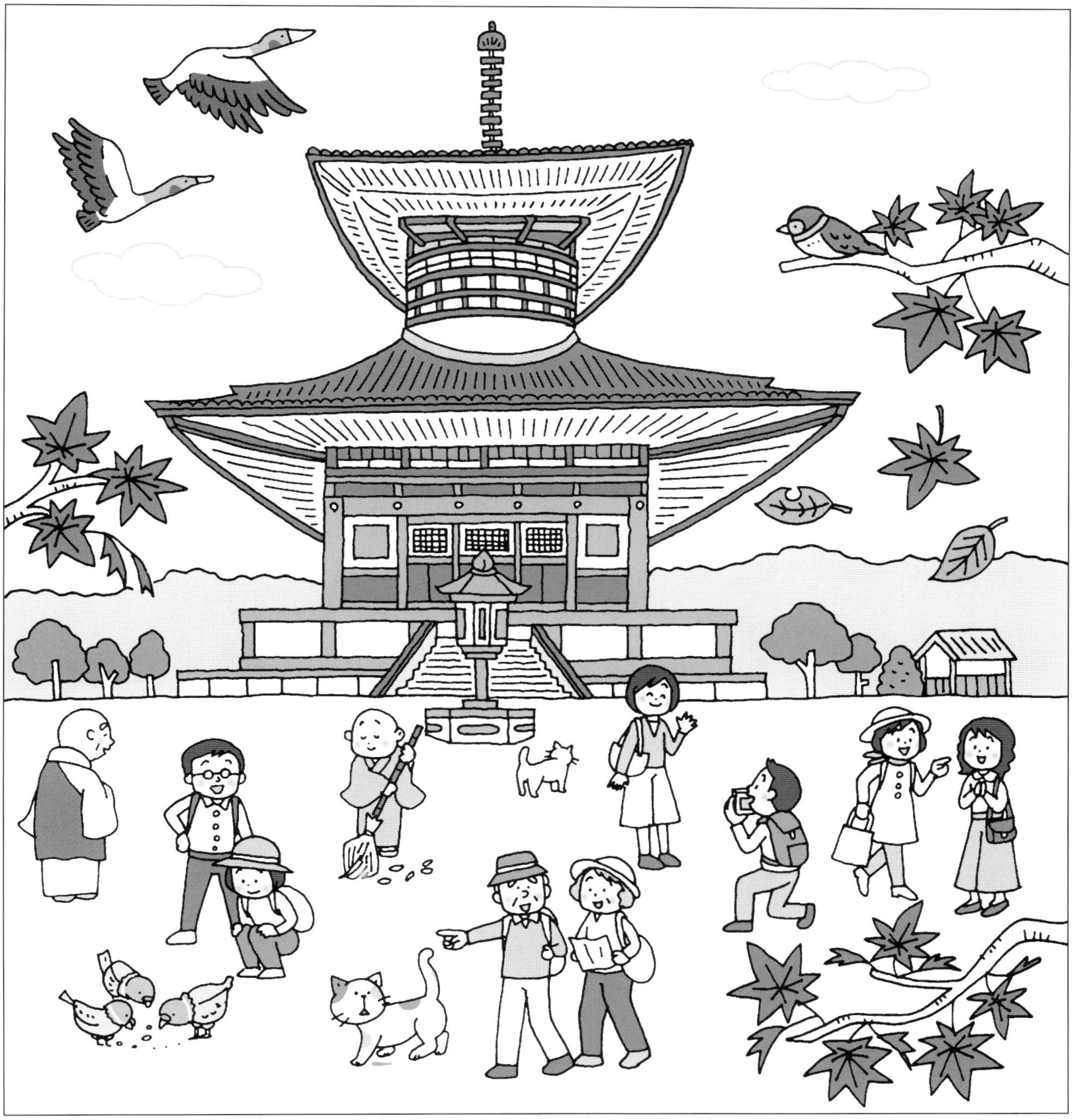

解答は 61 ページ

年　月　日　名前

33 さがし絵 鳥《とっ》取《とり》砂《さ》丘《きゅう》〈鳥取県〉

天然記念物に指定されている、鳥取砂丘。大きさは、東西に16km、南北に2.4kmと広大です。パラグライダーや、らくだに乗って遊覧もできます。
「さがすもの」と同じイラストをみつけて、○で囲みましょう。

さがすもの（6つ）

完成したら、5ページの㉝をぬりましょう。

解答は 61 ページ

年　月　日　名前

34 さがし絵　出雲《いづも》大《おお》社《やしろ》〈島根県〉

縁結びの神様としても知られる、大国主大神様《おおくにぬしのおおかみさま》が祀《まつ》られています。出雲では、全国から八《や》百《お》万《よろず》の神々が集まる月ということで、旧暦10月を神在月《かみありづき》と呼びます。「さがすもの」と同じイラストをみつけて、○で囲みましょう。

さがすもの（6つ）

完成したら、5ページの㉞をぬりましょう。

解答は61ページ

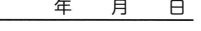

年　月　日　名前

35 さがし絵 関門橋《かんもんきょう》〈山口県〉

山口県と福岡県を隔てる関門海峡にかかる関門橋は、全長1,068mの大きな吊《つ》り橋です。近くには、その姿をゆっくり眺めることができる公園もあります。「さがすもの」と同じイラストをみつけて、○で囲みましょう。

さがすもの（6つ）

完成したら、5ページの㉟をぬりましょう。

解答は 61 ページ

年　月　日　名前

36 さがし絵　嚴島神社《いつくしま》〈広島県〉

日本三景の１つである嚴島神社は、安芸《あき》の宮島とも呼ばれます。海上にある社《しゃ》殿《でん》や大鳥居の景観はとても美しく、世界遺産に登録されています。
「さがすもの」と同じイラストをみつけて、〇で囲みましょう。

さがすもの（6つ）

完成したら、5ページの㊱をぬりましょう。

解答は 62 ページ

年　　月　　日　　名前

37 さがし絵　岡《おか》山《やま》後《こう》楽《らく》園《えん》〈岡山県〉

日本三名園の１つである、岡山後楽園。近くにある岡山城や周辺の山々を景色として、庭の一部のように取り入れているのが特徴です。
「さがすもの」と同じイラストをみつけて、○で囲みましょう。

さがすもの（6つ）

完成したら、5ページの㊲をぬりましょう。

解答は 62 ページ

年　月　日　名前

38 さがし絵 うどん店〈香川県〉

うどんの本場である香川県には、本格うどんが気軽に楽しめるお店がたくさんあります。その味に惹《ひ》かれて、日本中から多くの人が訪れます。
「さがすもの」と同じイラストをみつけて、○で囲みましょう。

さがすもの（6つ）

完成したら、5ページの㊳をぬりましょう。

年　月　日　名前

39 さがし絵　道《どう》後《ご》温《おん》泉《せん》〈愛媛県〉

3,000年の歴史を持つ道後温泉は、日本最古の温泉といわれ、聖徳太子も訪れたと記録されています。情緒のある外観は撮影スポットとしても人気です。「さがすもの」と同じイラストをみつけて、○で囲みましょう。

さがすもの（6つ）

完成したら、5ページの㊴をぬりましょう。

解答は62ページ

年　　月　　日　名前

40 さがし絵　阿《あ》波《わ》踊り〈徳島県〉

夏の徳島に欠かせない、阿波踊り。独特なリズムの鳴り物（音楽）にのって、踊りながら練り歩く姿を楽しみに、毎年多くの人が集まります。
「さがすもの」と同じイラストをみつけて、○で囲みましょう。

さがすもの（6つ）

完成したら、5ページの㊵をぬりましょう。

解答は62ページ

年　月　日　名前

41 さがし絵 カツオの一本釣り〈高知県〉

カツオが県魚であり、１世帯あたりの消費量も日本一の高知県。漁師さんたちの豪快な一本釣りが知られています。カツオ料理は何が好きですか？
「さがすもの」と同じイラストをみつけて、○で囲みましょう。

さがすもの（6つ）

完成したら、5ページの㊶をぬりましょう。

解答は62ページ

年　月　日　名前

42 さがし絵　博多《はかた》の屋台〈福岡県〉

博多には屋台が集まる場所があり、福岡県を代表する観光スポットになっています。ラーメンやぎょうざ、おでんなどのおいしい料理の屋台が並びます。
「さがすもの」と同じイラストをみつけて、○で囲みましょう。

さがすもの（6つ）

完成したら、5ページの㊷をぬりましょう。

解答は 63 ページ

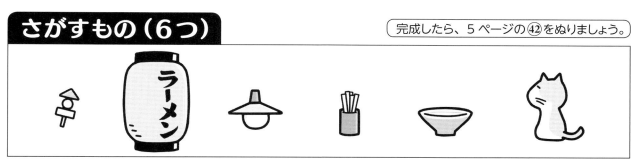

年　月　日　名前

43 さがし絵　吉《よし》野《の》ヶ《が》里《り》遺跡〈佐賀県〉

1989年、国内最大の弥生時代の遺跡が発見されました。遺跡は国営吉野ヶ里歴史公園として観光ができるようになり、弥生時代の様子を体験できます。「さがすもの」と同じイラストをみつけて、○で囲みましょう。

さがすもの（6つ）

完成したら、5ページの㊸をぬりましょう。

解答は63ページ

年　月　日　名前

44 さがし絵 グラバー園〈長崎県〉

幕末の長崎では貿易が盛んでした。グラバー園では、日本最古の木造洋風建築であるグラバー邸をはじめ、外国からきた貿易商たちの家屋を見学できます。「さがすもの」と同じイラストをみつけて、〇で囲みましょう。

さがすもの（6つ）

完成したら、5ページの㊹をぬりましょう。

解答は 63 ページ

年　月　日　名前

45 さがし絵 別府《べっぷ》温泉《おんせん》〈大分県〉

別府温泉は、源泉の数や湧き出るお湯の量が日本一ということから泉都《せんと》と呼ばれ、町の様々な場所で上がる湯けむりは、別府名物になっています。
「さがすもの」と同じイラストをみつけて、〇で囲みましょう。

さがすもの（6つ）

完成したら、5ページの㊺をぬりましょう。

解答は63ページ

年　月　日　名前

46 さがし絵 阿《あ》蘇《そ》山《さん》〈熊本県〉

百名山の１つである阿蘇山。草《くさ》千《せん》里《り》ヶ《が》浜《はま》には、大草原と雨水が溜《た》まってできたといわれる池があり、その美しい眺めが観光客を癒やします。

「さがすもの」と同じイラストをみつけて、○で囲みましょう。

さがすもの（6つ）

完成したら、5ページの㊻をぬりましょう。

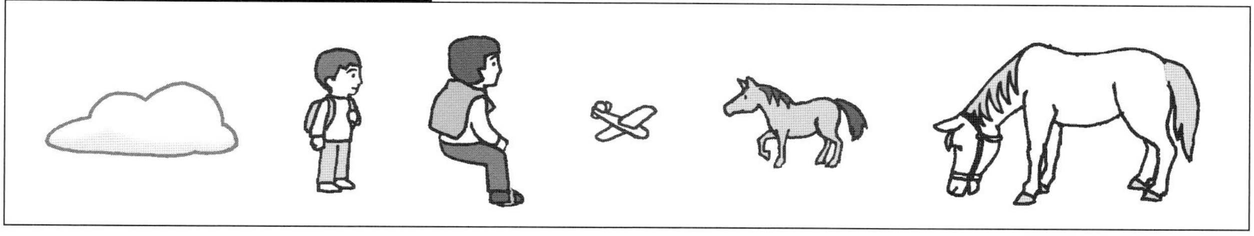

解答は63ページ

年　月　日　名前

47 さがし絵　鵜《う》戸《ど》神《じん》宮《ぐう》〈宮崎県〉

洞窟内に本殿《ほんでん》があるという珍しい神宮です。運玉《うんだま》という石を、亀石《かめいし》と呼ばれる石のくぼみに投げ入れることができたら、願いがかなうといわれています。
「さがすもの」と同じイラストをみつけて、〇で囲みましょう。

さがすもの（6つ）

完成したら、5ページの㊼をぬりましょう。

解答は 63 ページ

年　　月　　日　名前

48 さがし絵　桜島《さくらじま》〈鹿児島県〉

活火山として今も活発に活動を続けている、桜島。観光地としての人気も高く、鹿児島港から出ているフェリーなら、15分ほどで到着します。
「さがすもの」と同じイラストをみつけて、○で囲みましょう。

さがすもの（6つ）

完成したら、5ページの㊽をぬりましょう。

解答は **64** ページ

年　月　日　名前

49 さがし絵 首《しゅ》里《り》城《じょう》〈沖縄県〉

1879年まで続いた琉球王国の、政治・文化・経済の中心だった首里城。鮮やかな朱色にぬられたお城は中国と日本の影響を受け、独特な形をしています。「さがすもの」と同じイラストをみつけて、○で囲みましょう。

さがすもの（6つ）

完成したら、5ページの㊾をぬりましょう。

解答は64ページ

年　月　日　名前

50 さがし絵　沖《おき》縄《なわ》美《ちゅ》ら海《うみ》水族館〈沖縄県〉

世界最大級の水槽がある、美ら海水族館では、全長8.6mものジンベエザメやナンヨウマンタを見ることができます。多くの人が集まる沖縄の人気観光地です。「さがすもの」と同じイラストをみつけて、○で囲みましょう。

さがすもの（6つ）

完成したら、5ページの㊿をぬりましょう。

解答は **64** ページ

脳トレ・介護予防に役立つ

さがし絵パズル

解答

❶ さっぽろ雪まつり〈北海道〉

❷ 札《さっ》幌《ぽろ》市《し》時《と》計《けい》台《だい》〈北海道〉

❸ ねぶた祭〈青森県〉

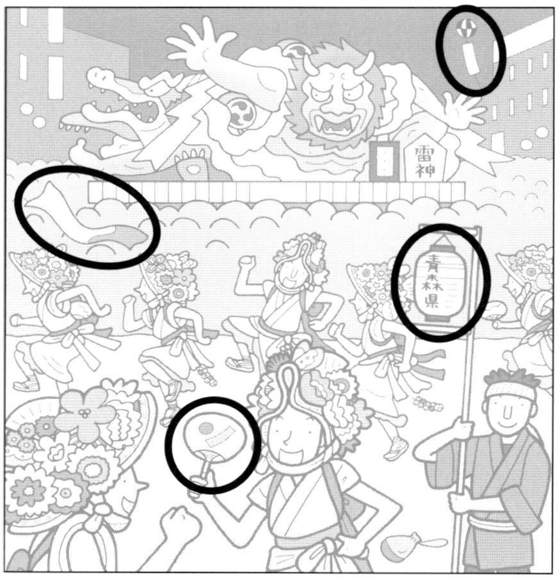

❹ なまはげ〈秋田県〉

❺ わんこそば〈岩手県〉

6 芋《いも》煮《に》会《かい》〈山形県〉

7 七夕《たなばた》まつり〈宮城県〉

8 スパリゾートハワイアンズ〈福島県〉

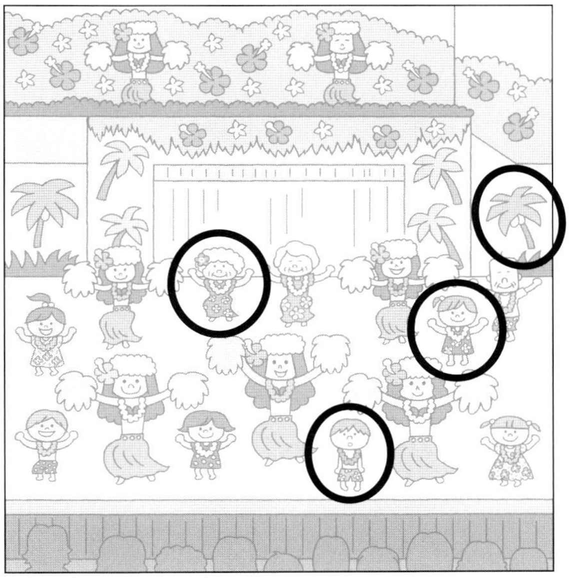

9 日光《にっこう》東照宮《とうしょうぐう》〈栃木県〉

10 草津《くさつ》温泉《おんせん》〈群馬県〉

11 水戸《みと》の梅まつり〈茨城県〉

12 小《こ》江《え》戸《ど》川《かわ》越《ごえ》〈埼玉県〉

13 鴨《かも》川《がわ》シーワールド〈千葉県〉

14 横《よこ》浜《はま》中《ちゅう》華《か》街《がい》〈神奈川県〉

15 浅《あさ》草《くさ》雷《かみなり》門《もん》〈東京都〉

16 東《とう》京《きょう》タワー〈東京都〉

17 河《かわ》口《ぐち》湖《こ》〈山梨県〉

18 茶畑〈静岡県〉

19 犬《いぬ》山《やま》祭《まつり》〈愛知県〉

20 日《に》本《ほん》アルプス〈長野県〉

21 白《しら》川《かわ》郷《ごう》〈岐阜県〉

22 長《なが》岡《おか》まつり大花火大会〈新潟県〉

23 黒《くろ》部《べ》ダム〈富山県〉

24 兼《けん》六《ろく》園《えん》〈石川県〉

25 越前《えちぜん》そばのそば打ち体験〈福井県〉

26 比《ひ》叡《えい》山《ざん》延暦《えんりゃく》寺《じ》〈滋賀県〉

27 清《きよ》水《みず》寺《でら》〈京都府〉

28 阪《はん》神《しん》甲《こう》子《し》園《えん》球場《きゅうじょう》〈兵庫県〉

29 伊《い》勢《せ》神《じん》宮《ぐう》〈三重県〉

30 道《どう》頓《とん》堀《ぼり》〈大阪府〉

31 東《とう》大《だい》寺《じ》〈奈良県〉

32 高《こう》野《や》山《さん》金《こん》剛《ごう》峯《ぶ》寺《じ》根《こん》本《ぽん》大《だい》塔《とう》〈和歌山県〉

33 鳥《とっ》取《とり》砂《さ》丘《きゅう》〈鳥取県〉

34 出雲《いづも》大社《おおやしろ》〈島根県〉

35 関《かん》門《もん》橋《きょう》〈山口県〉

36 厳島《いつくしま》神社 〈広島県〉

37 岡山《おかやま》後楽園《こうらくえん》 〈岡山県〉

38 うどん店 〈香川県〉

39 道後《どうご》温泉《おんせん》 〈愛媛県〉

40 阿波《あわ》踊り 〈徳島県〉

41 カツオの一本釣り 〈高知県〉

42 博多《はかた》の屋台 〈福岡県〉

43 吉《よし》野《の》ケ《が》里《り》遺跡 〈佐賀県〉

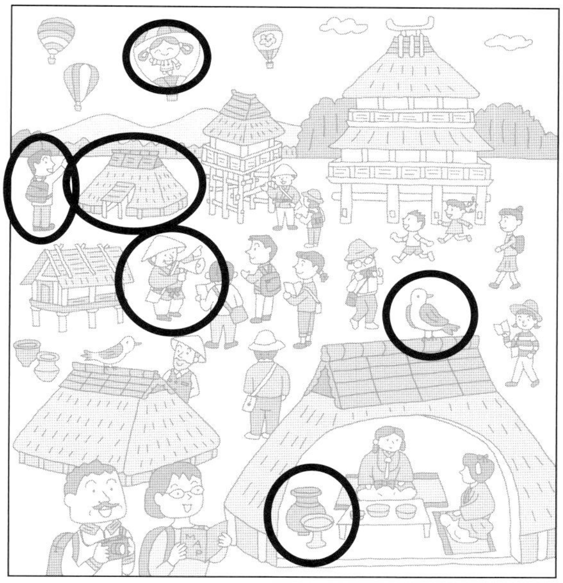

44 グラバー園 〈長崎県〉

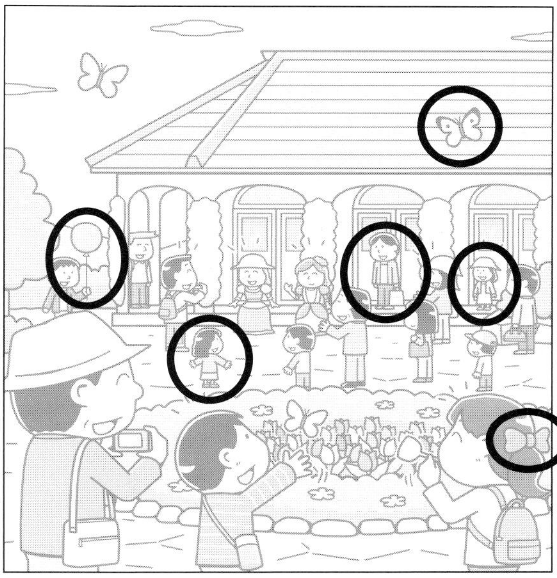

45 別《べ》府《っぷ》温泉 〈大分県〉

46 阿《あ》蘇《そ》山《さん》 〈熊本県〉

47 鵜《う》戸《ど》神宮 〈宮崎県〉

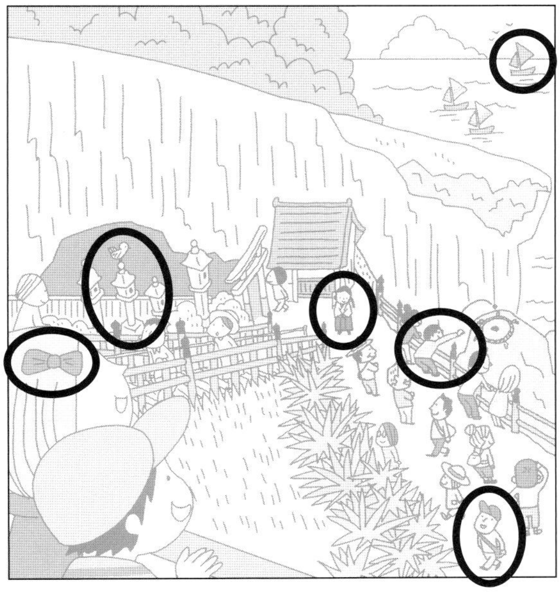

48 桜《さくら》島《じま》〈鹿児島県〉

49 首《しゅ》里《り》城《じょう》〈沖縄県〉

50 沖縄《おきなわ》美《ちゅ》ら海《うみ》水族館〈沖縄県〉

レクリエブックス
脳トレ・介護予防に役立つ

さがし絵パズル　全国都道府県の旅編

発行日	2018年6月20日　初版第1刷発行
発行者	山岡勇治
発行	株式会社世界文化社 〒102-8187 東京都千代田区九段北 4-2-29
電話	編集部 03-3262-3913 販売部 03-3262-5115
印刷・製本	図書印刷株式会社
表紙デザイン	村沢尚美(NAOMI DESIGN AGENCY)
本文デザイン	オフィス 303
パズルイラスト	柴田亜樹子　すぎやまえみこ　たむらかずみ 林 宏之　東山昌代　フジサワミカ　若泉さな絵
編集	オフィス 303
校正	株式会社円水社
製版	株式会社明昌堂
企画編集	村田弘恵

ISBN 978-4-418-18221-3